# Mon cahier d'ac...

## ÉCRITURE
---
## NUMÉRATION

## Ce carnet appartient à :

*P. Daniel*

*Ce livre vous plaît ?*

Si c'est le cas, n'hésitez pas à laisser un commentaire. Vos avis et suggestions nous aiderons à améliorer nos contenus afin de vous proposer des produits qui raviront encore plus vos enfants.
Pour cela rendez vous sur notre page produits Amazon.fr et laissez nous un commentaire !!

*Merci beaucoup !!*

**J'apprends à écrire et à compter grâce à des outils pédagogiques adaptés:**

- Maîtrise des gestes de l'écriture : Les formes

L'entrée dans l'écriture commence par le développement des activités graphiques telles que les enchainements de lignes, courbes, formes... afin de guider les enfants en favorisant la qualité des tracés et l'aisance du geste.

- Ecrire l'alphabet: Lettres capitales et cursives.

Votre enfant commence par écrire en lettres capitales et reconnais ainsi les syllabes et ses premiers mots. Viens ensuite l'écriture cursive qui permet d'affiner ses tracés et ainsi faire ses premiers pas dans l'écriture vers le CP.

- Apprendre à compter : Les chiffres et les nombres de 1 à 20.

Votre enfant commence par écrire les chiffres et les nombres pour mieux les reconnaître et ainsi apprendre à compter et faire ses premières additions et soustractions simples.

# Trace les formes

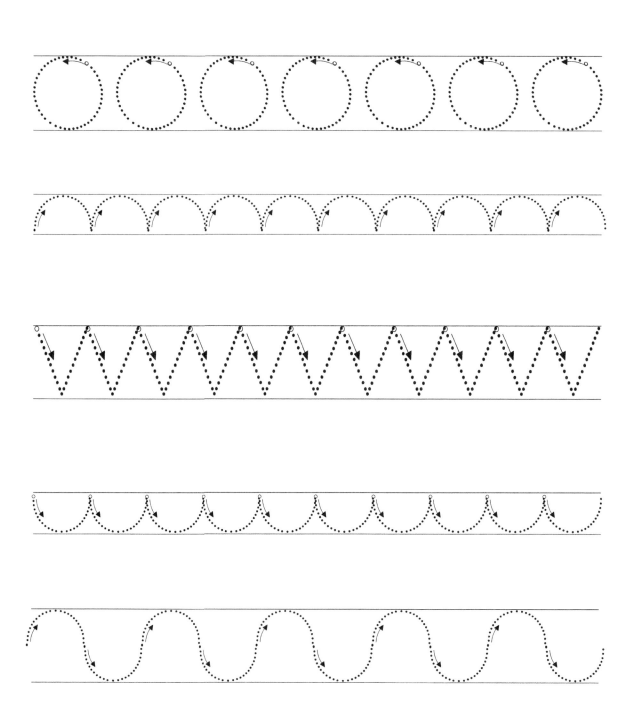

# Trace les formes

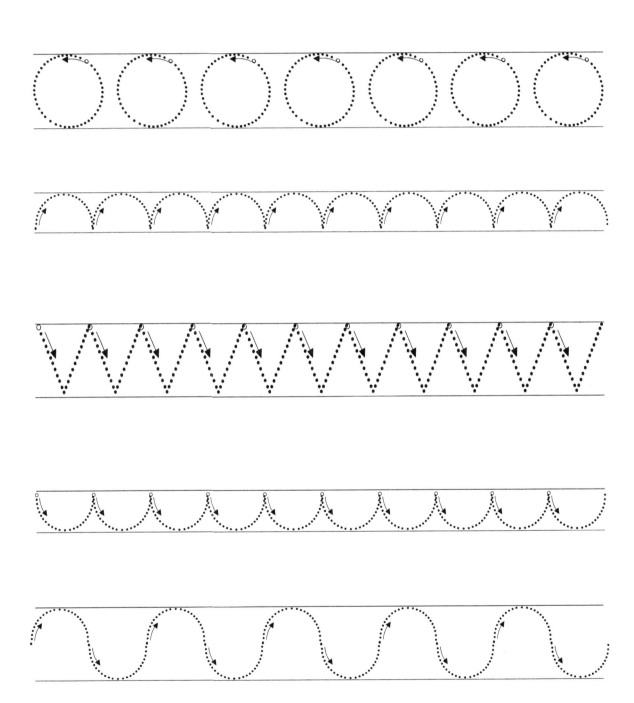

# Trace les formes

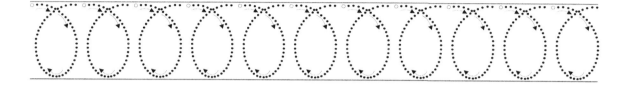

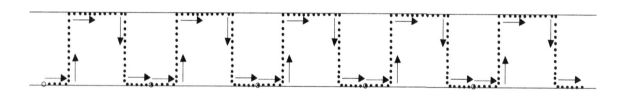

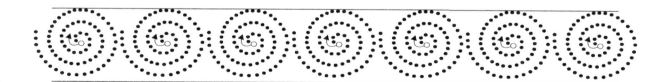

# Trace les formes

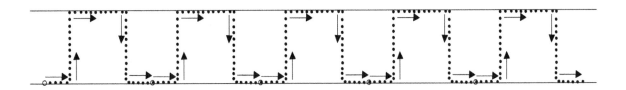

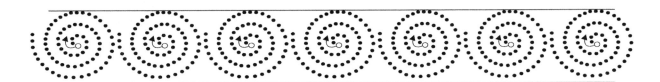

# Trace les formes

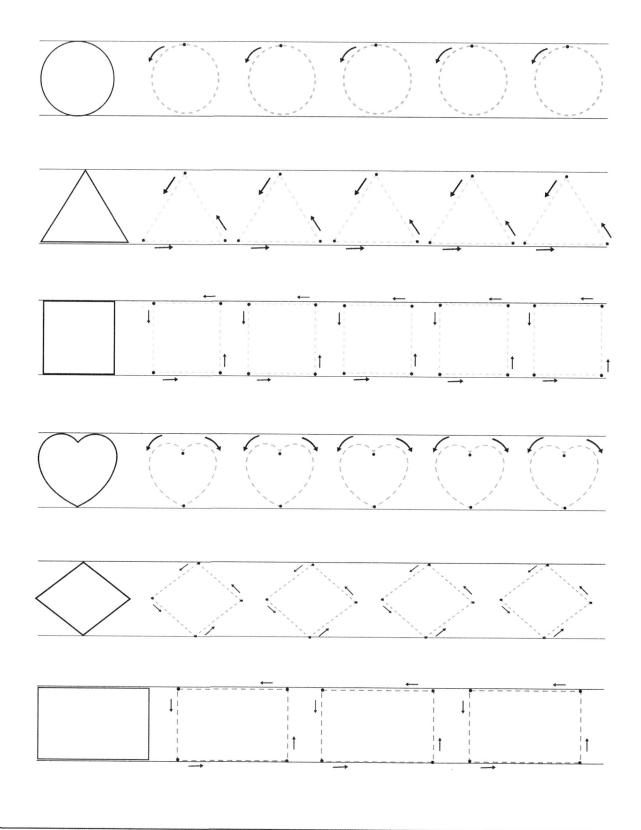

# Trace les formes

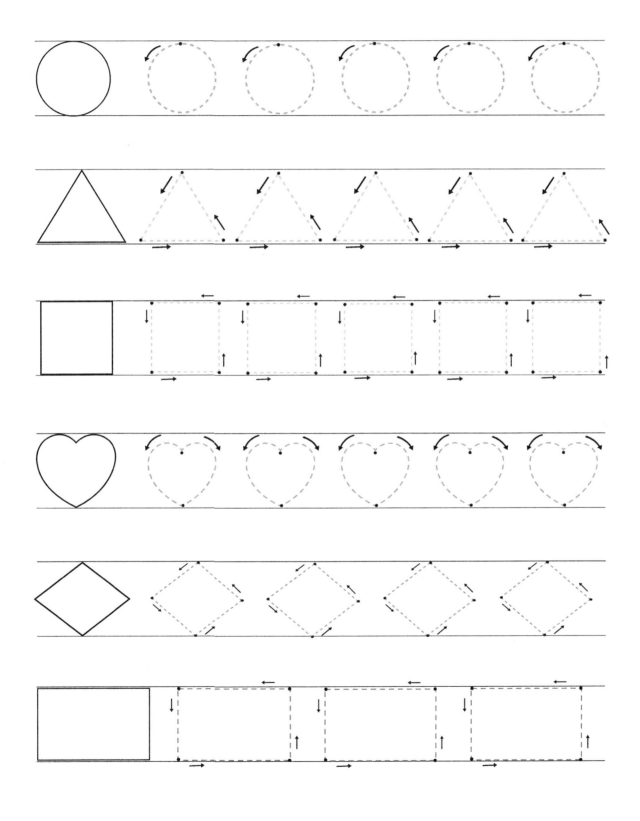

# Reproduis les formes

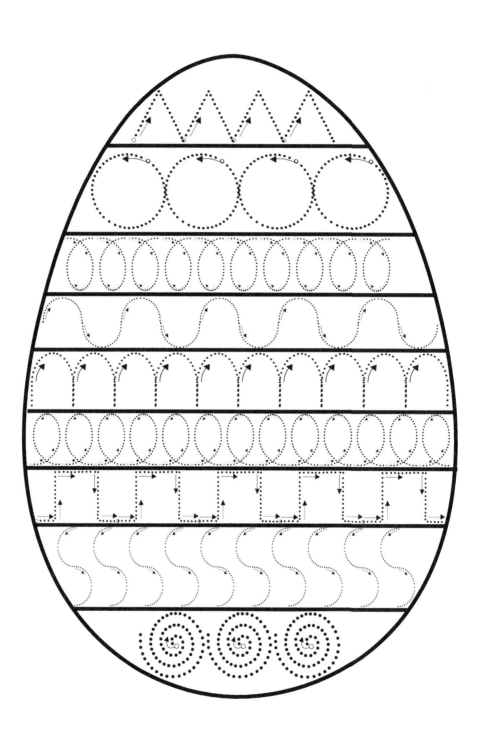

# Reproduis les formes

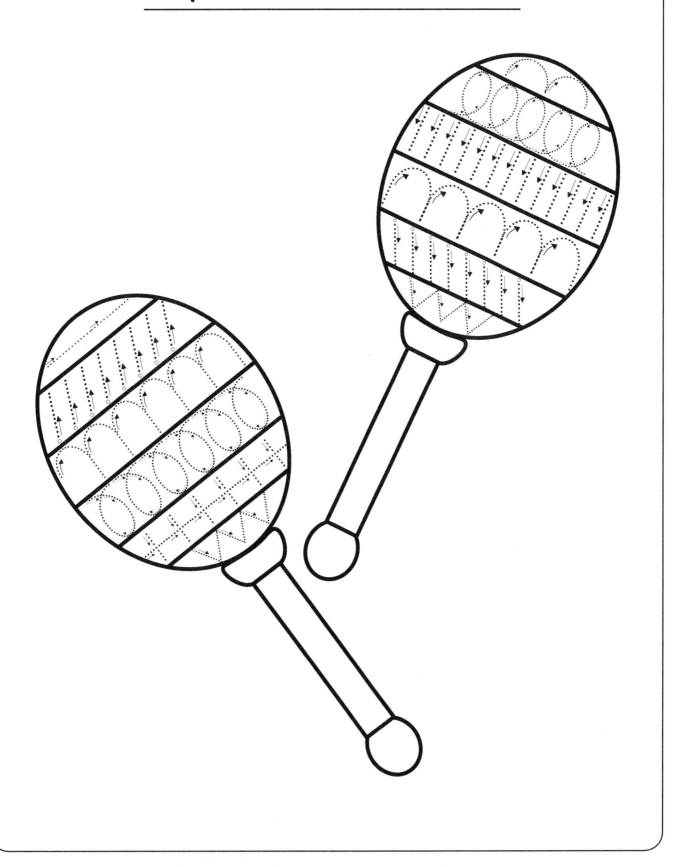

# Reproduis les formes

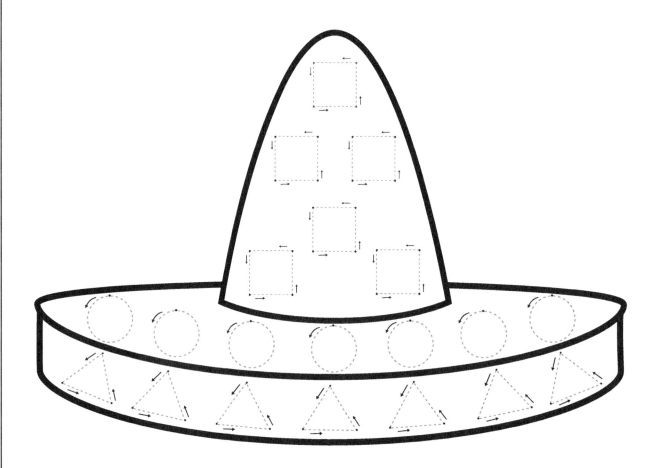

# Reproduis les formes

Bravo, tu as bien travaillé ! Maintenant que tu sais tracer les formes, exerce-toi en écrivant les lettres de l'alphabet.

**Abeille**

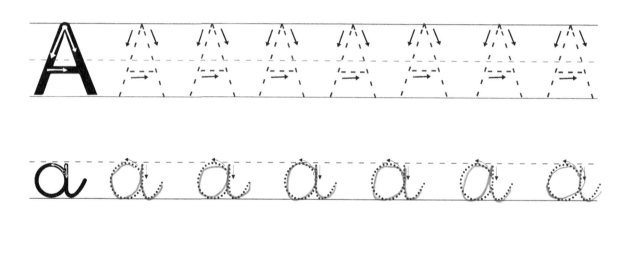

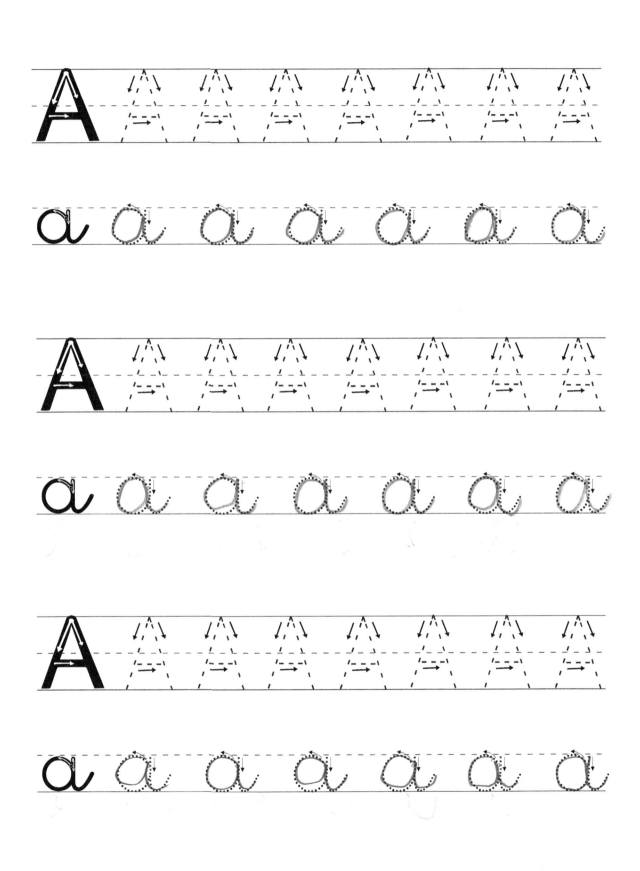

# B b

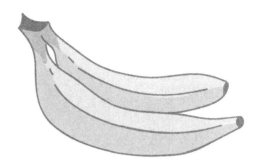

**Banane**

B B B B B B B B

b b b b b b b b

B B B B B B B B

b b b b b b b b

B B B B B B B B

b b b b b b b b

## Crocodile

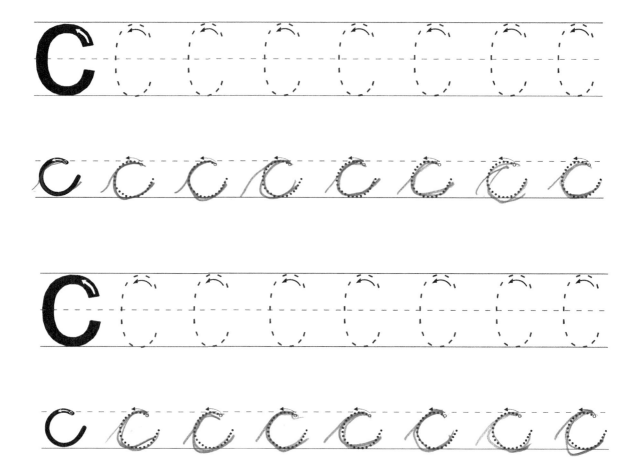

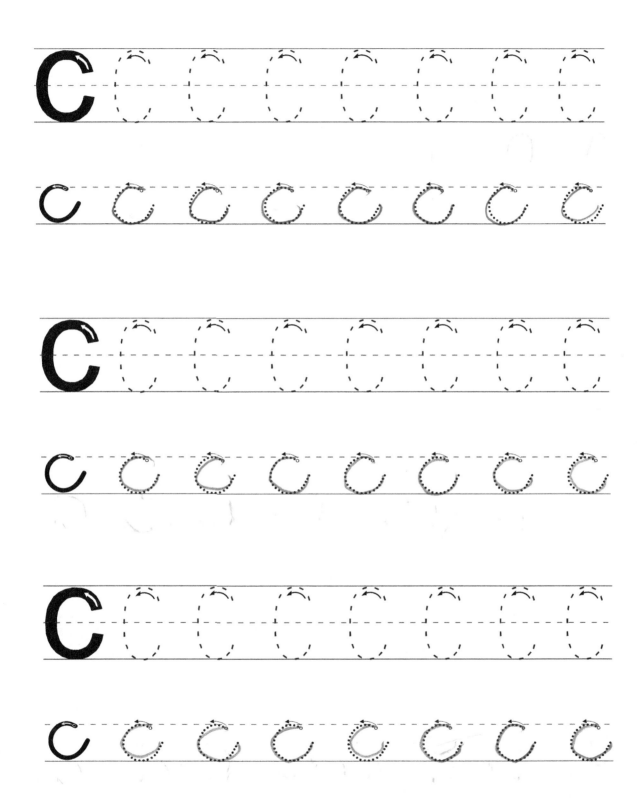

# D d

**Dragon**

D D D D D D D D D

d d d d d d d

D D D D D D D D D

d d d d d d

D D D D D D D D D

d d d d d d

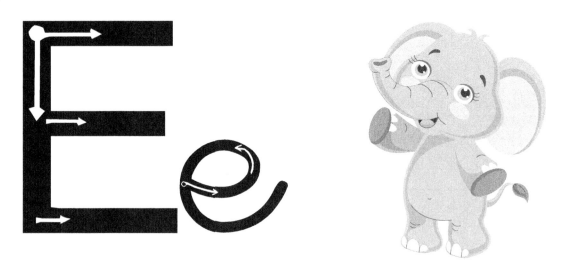

# Eléphant

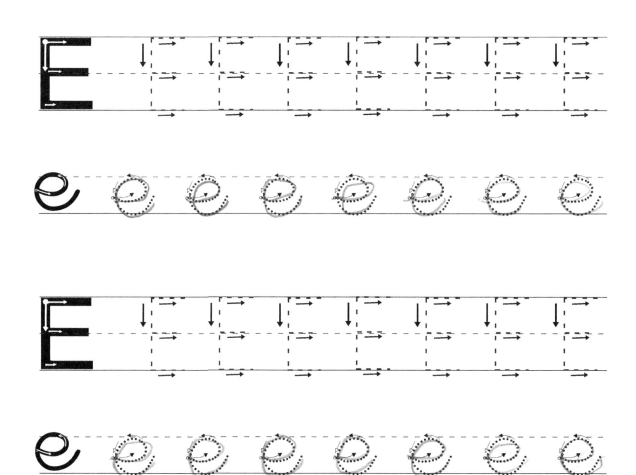

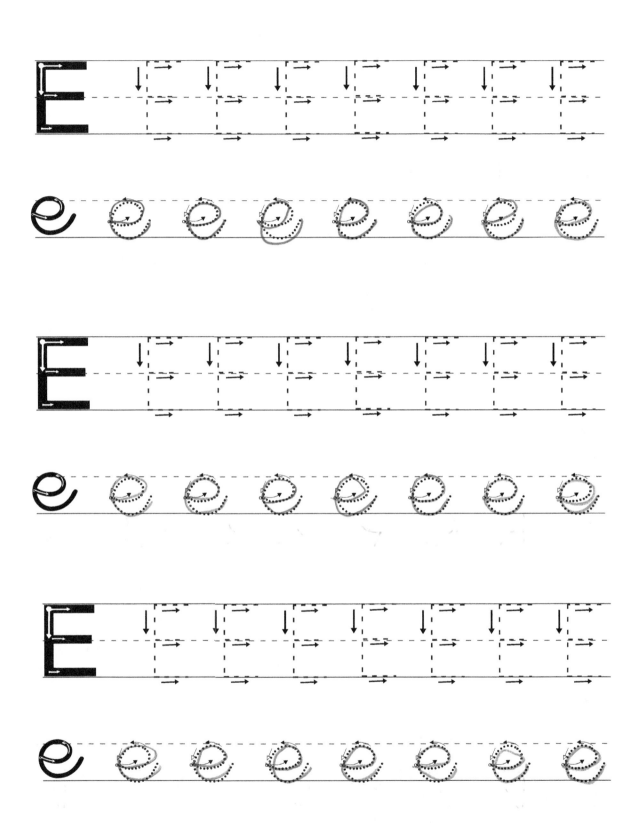

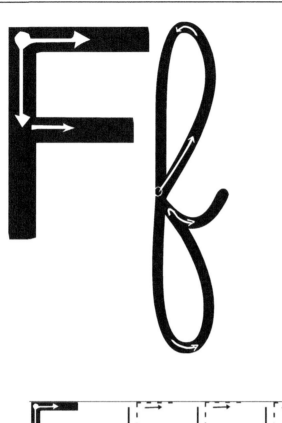

**Fraise**

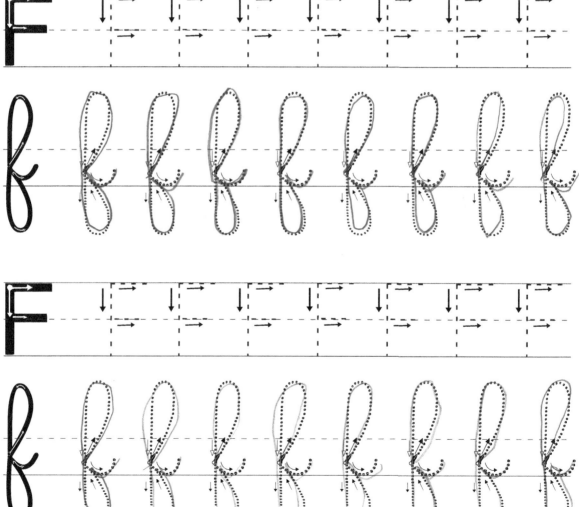

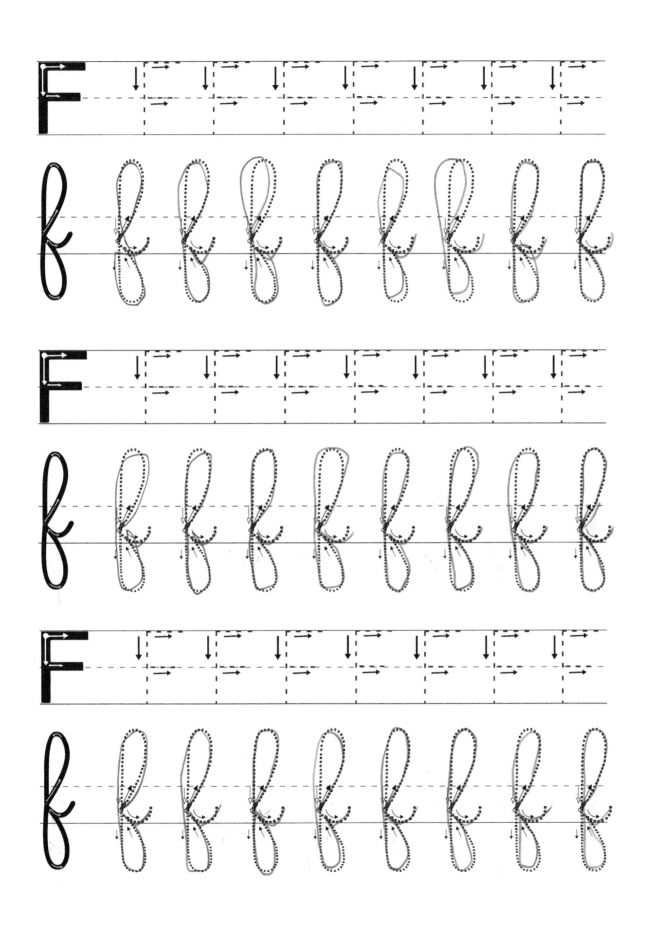

Grenouille

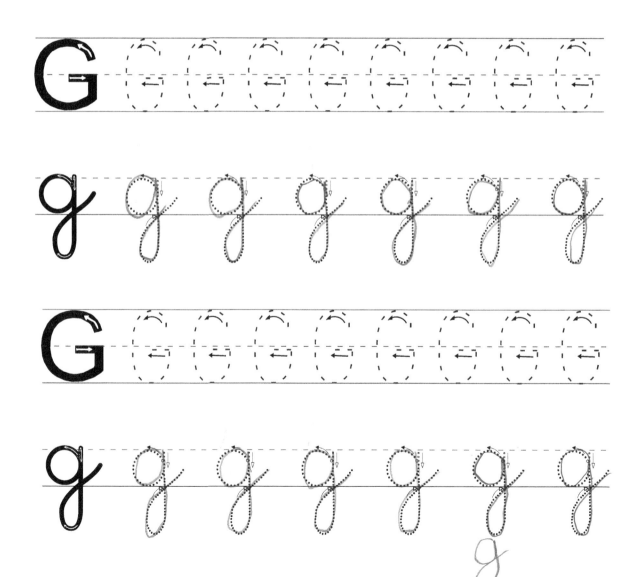

G g g g g g g g

g g g g g g g

G g g g g g g g

g g g g g g g

G g g g g g g g

g g g g g g g

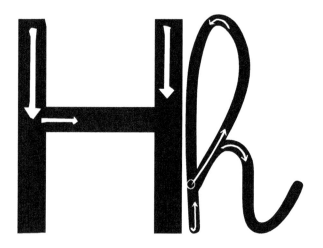

# Hibou

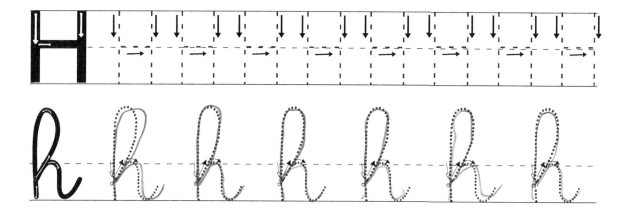
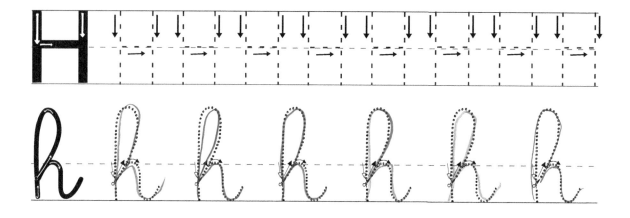

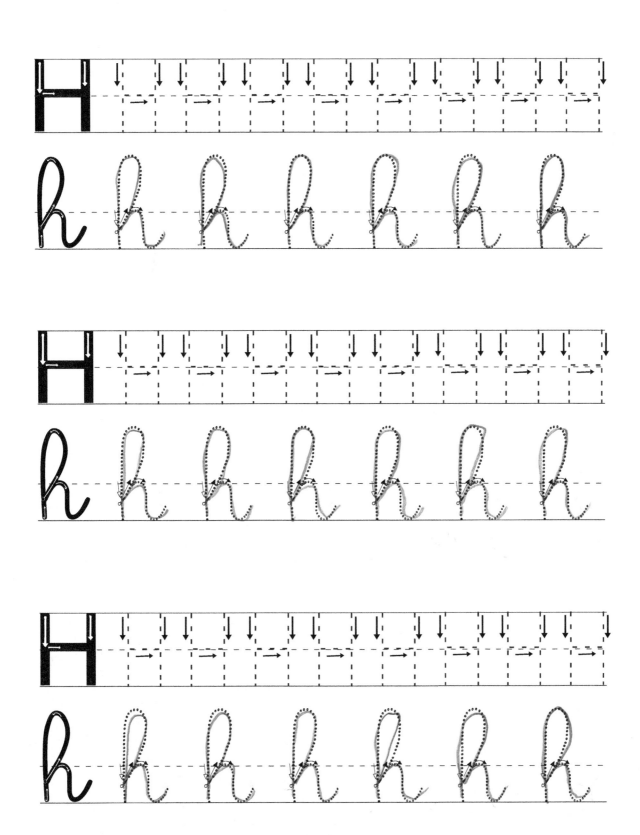

# Ii

Ile

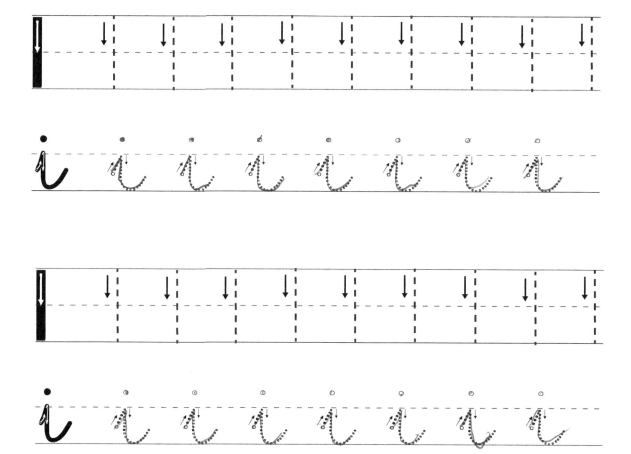

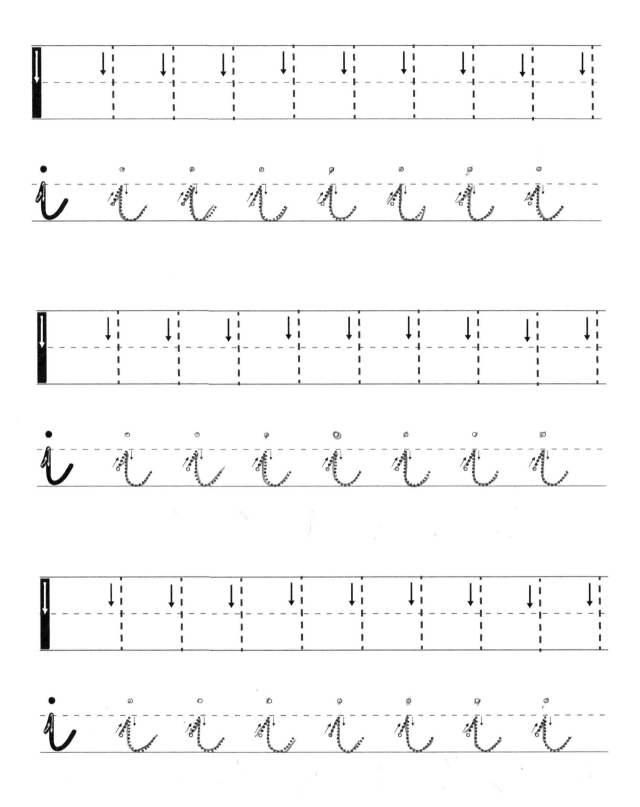

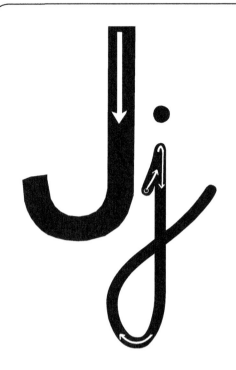

# Jaguar

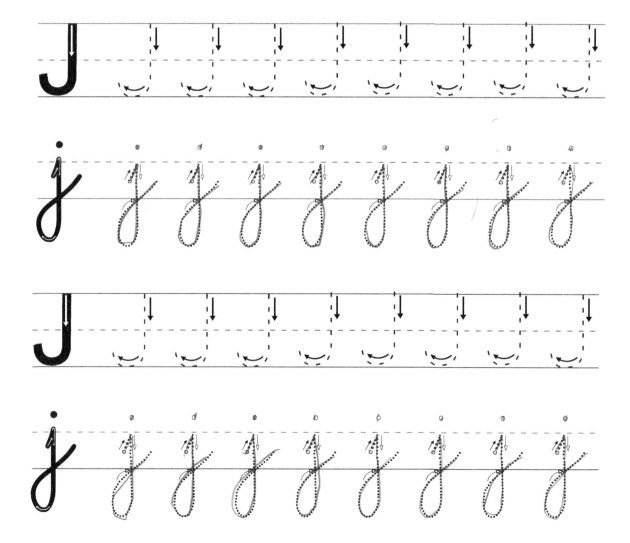

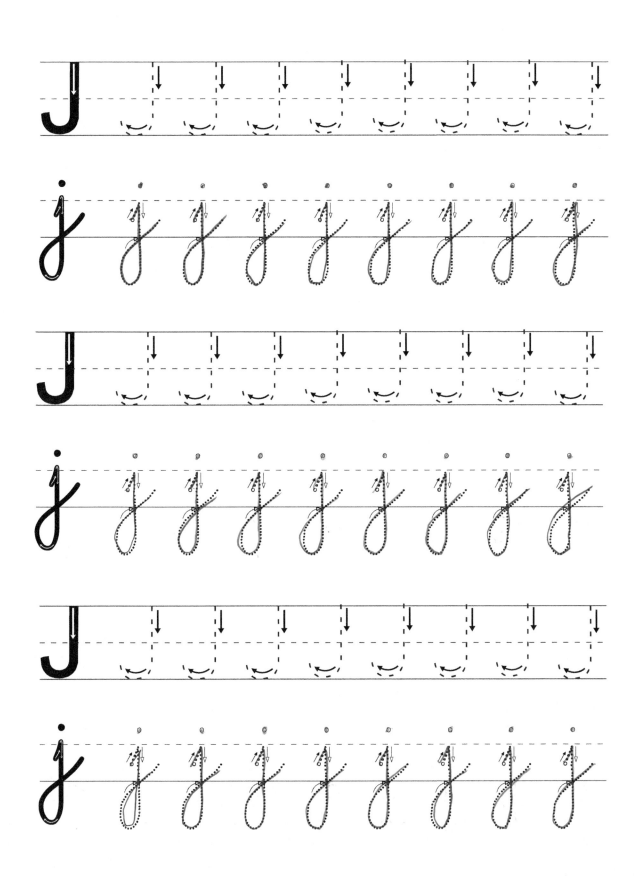

Koala

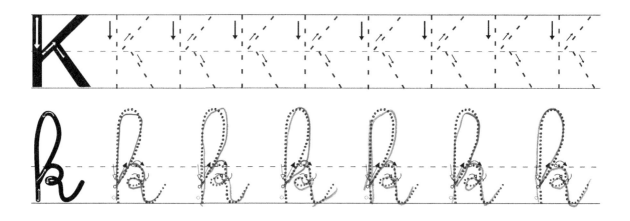
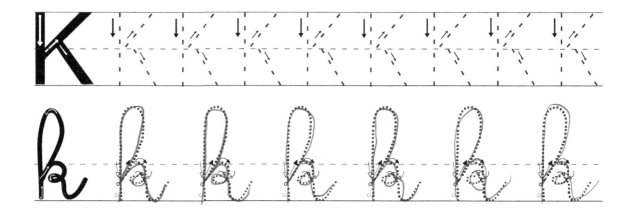

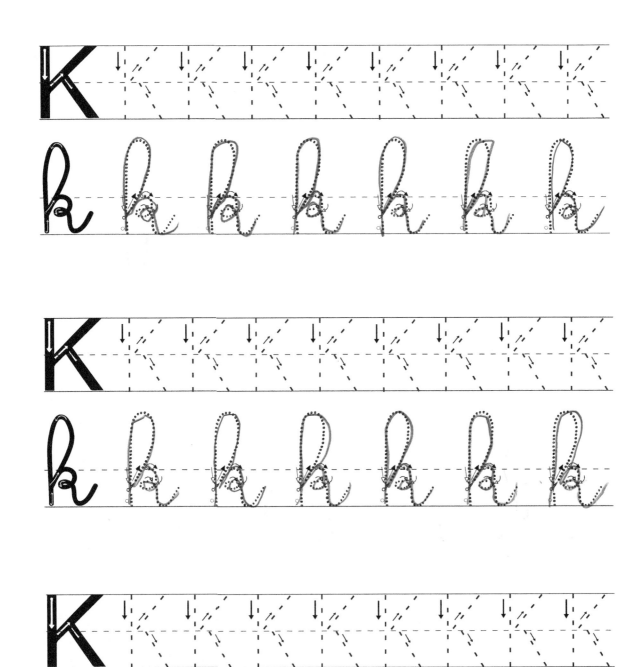

Lunettes

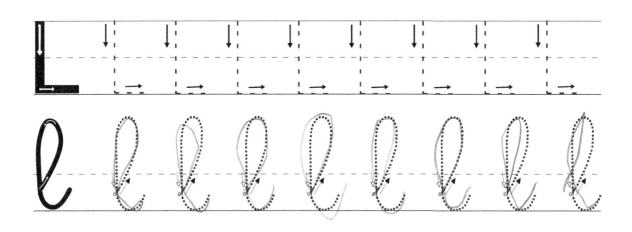

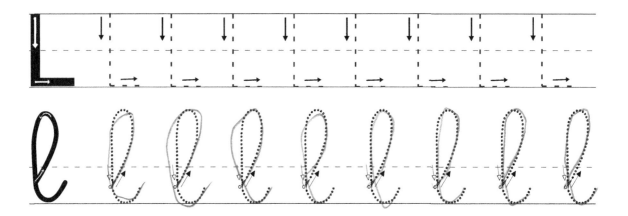

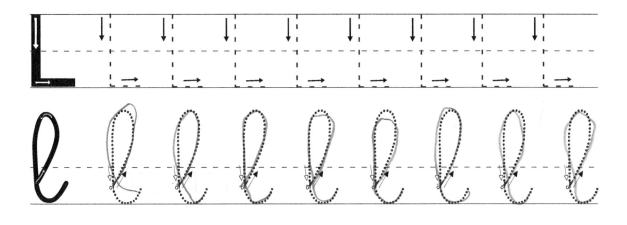
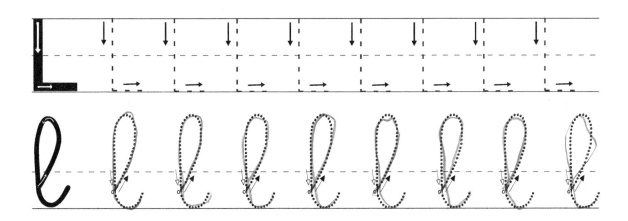
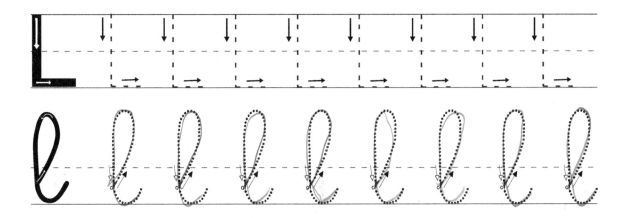

# Maison

M
m
M
m
M
m

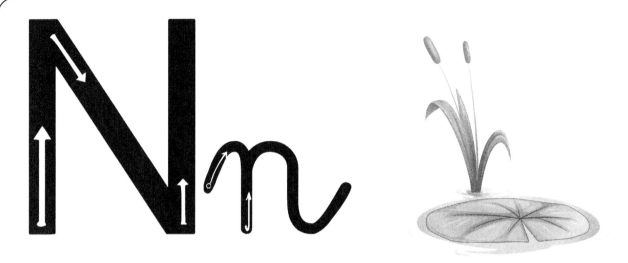

# Nénuphar

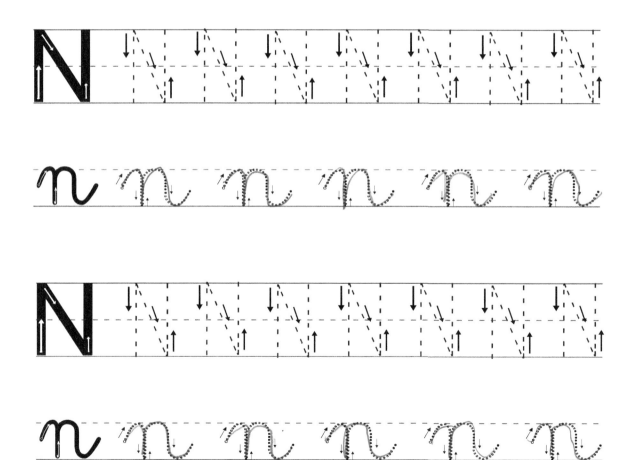

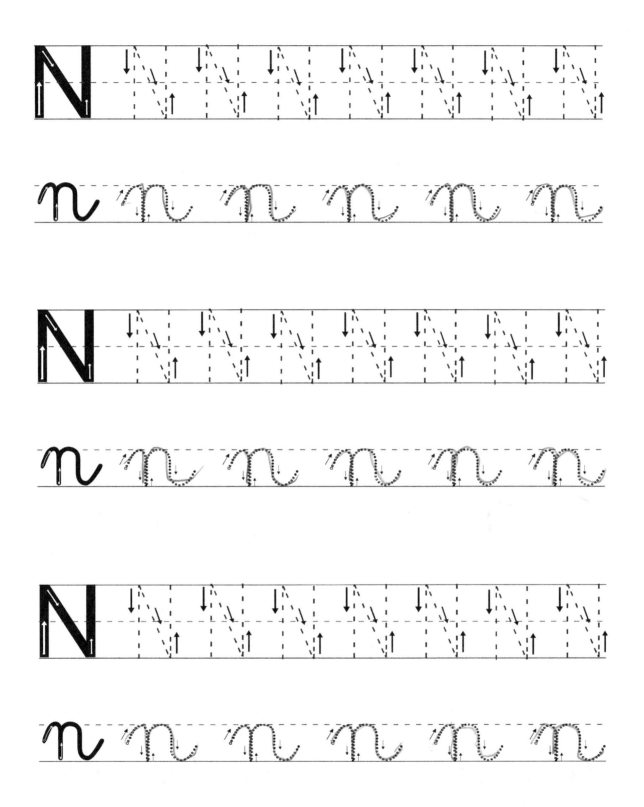

# Otarie

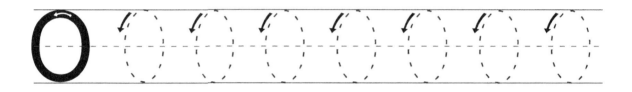

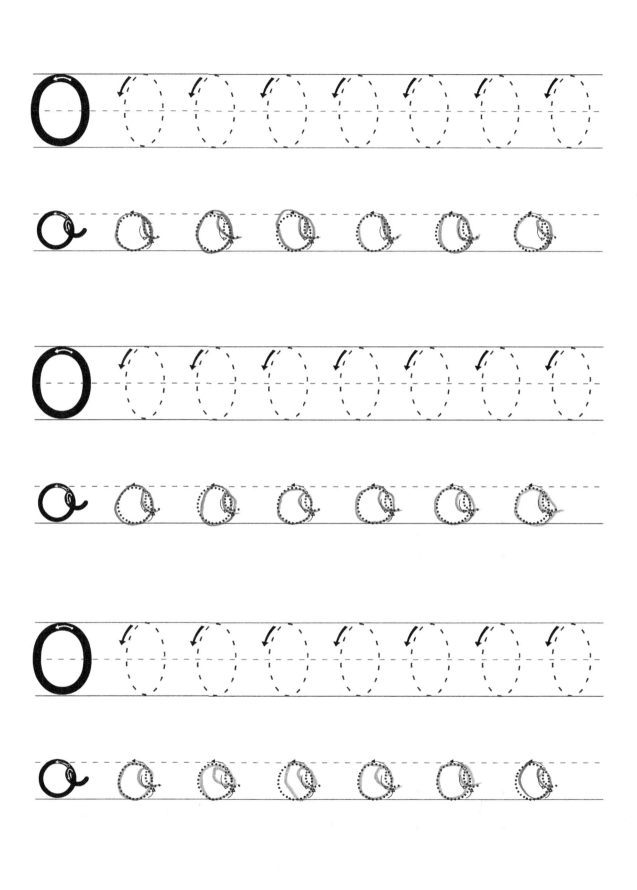

# Parapluie

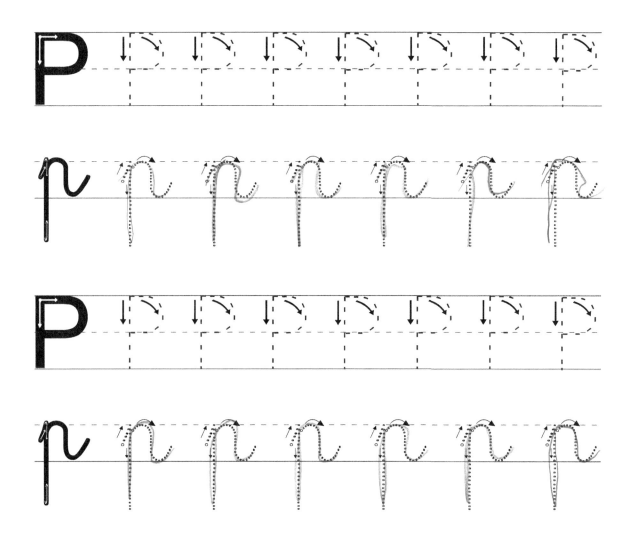

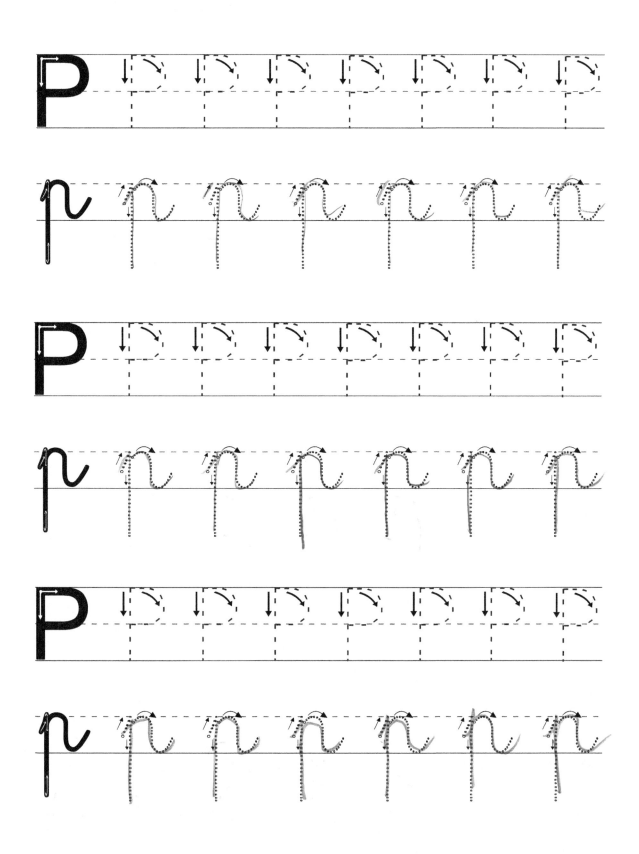

Quokka

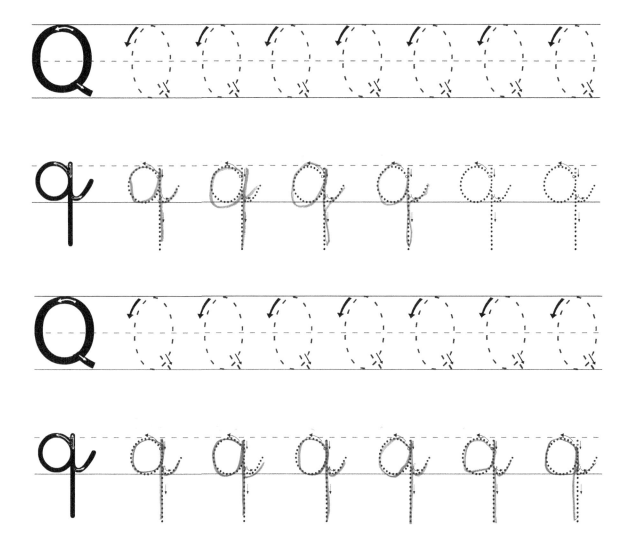

Q

q

Q

q

Q

q

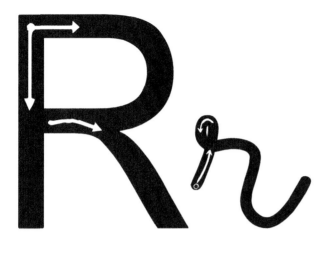

Rat

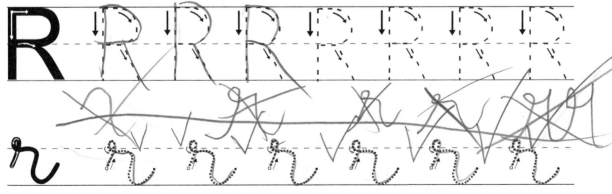

# S s

## Soleil

S　s　s　s　s　s　s　s　s

ঽ　ঽ　ঽ　ঽ　ঽ　ঽ　ঽ

S　s　s　s　s　s　s　s　s

ঽ　ঽ　ঽ　ঽ　ঽ　ঽ　ঽ

S　s　s　s　s　s　s　s　s

ঽ　ঽ　ঽ　ঽ　ঽ　ঽ　ঽ

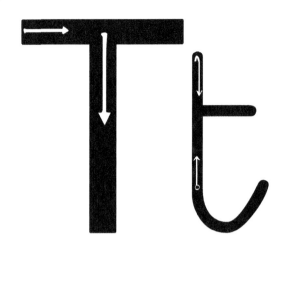

**Tortue**

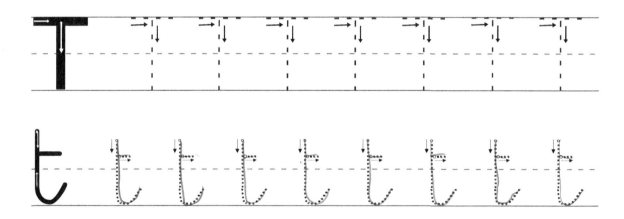
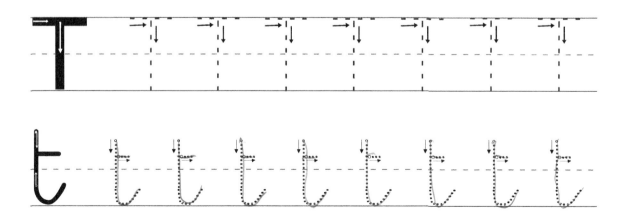

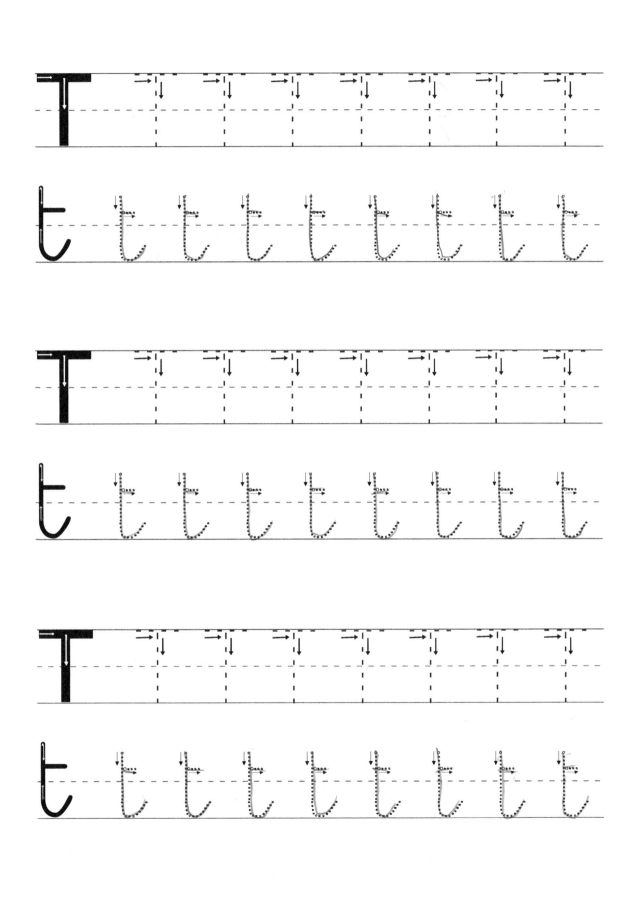

Ukulele

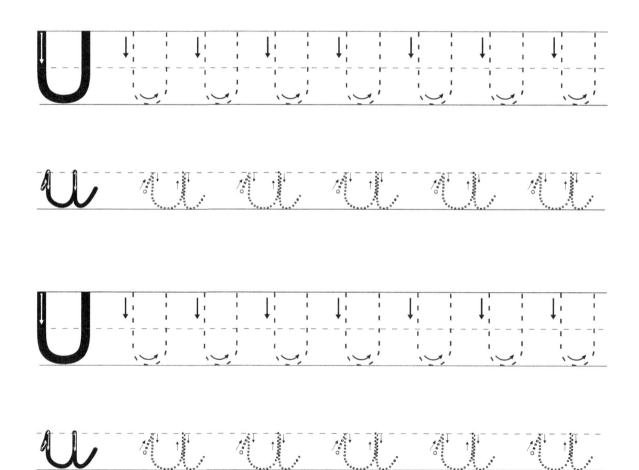

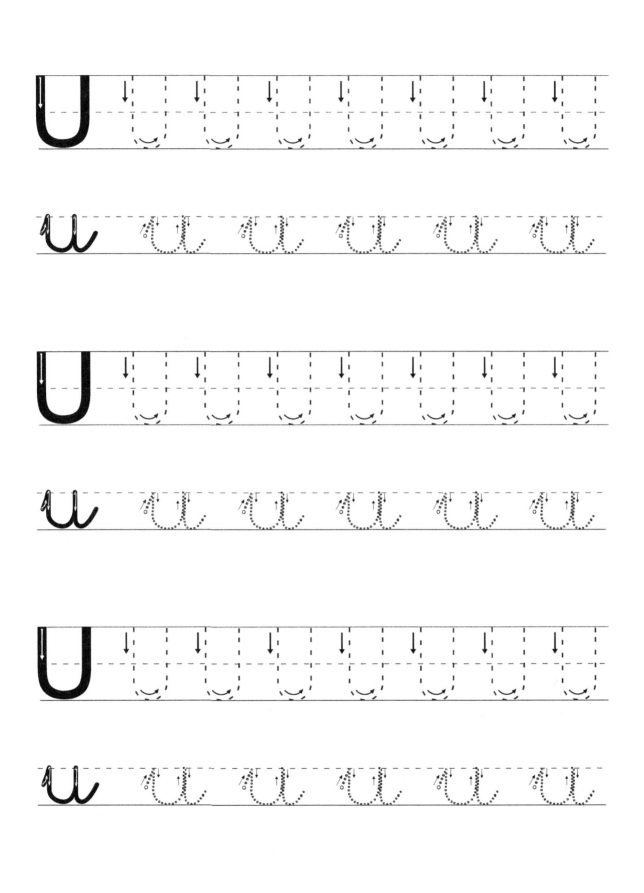

Vache

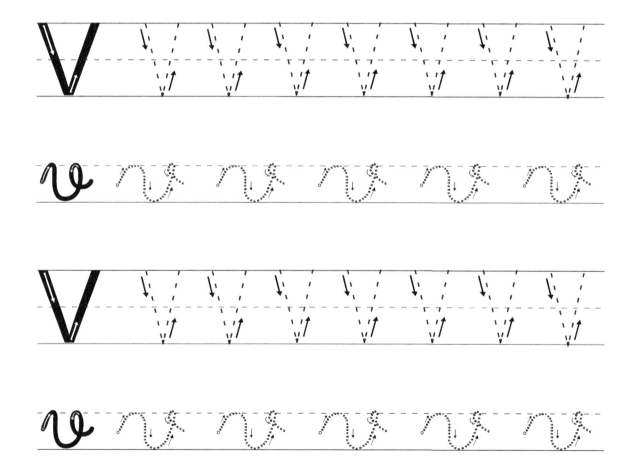

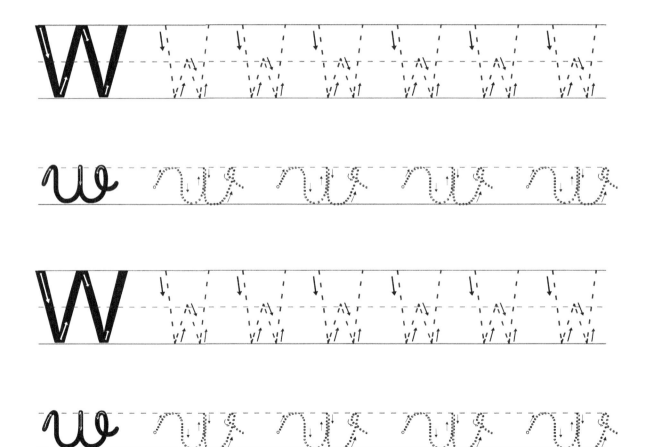

Wallaby

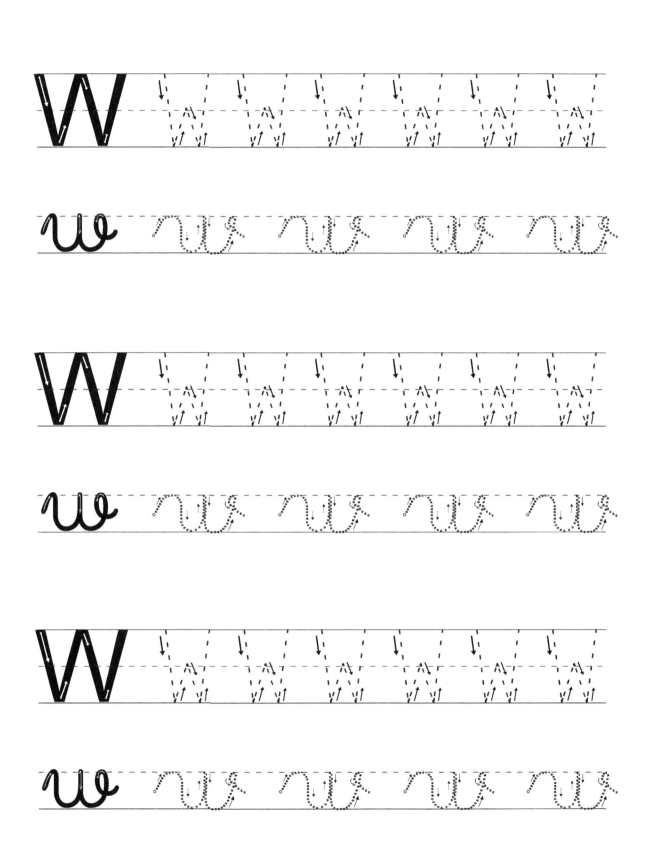

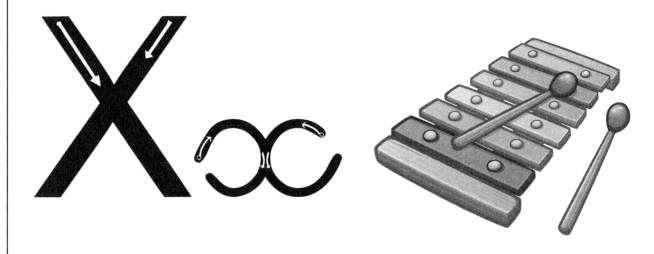

## Xylophone

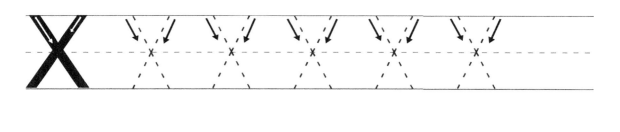

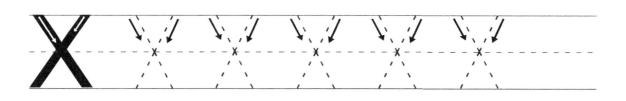

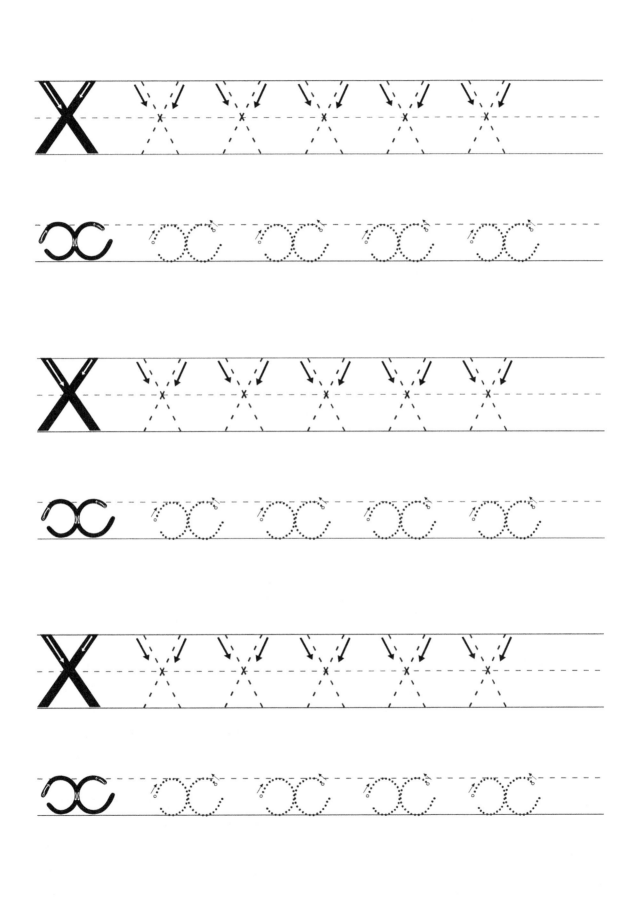

Yéti

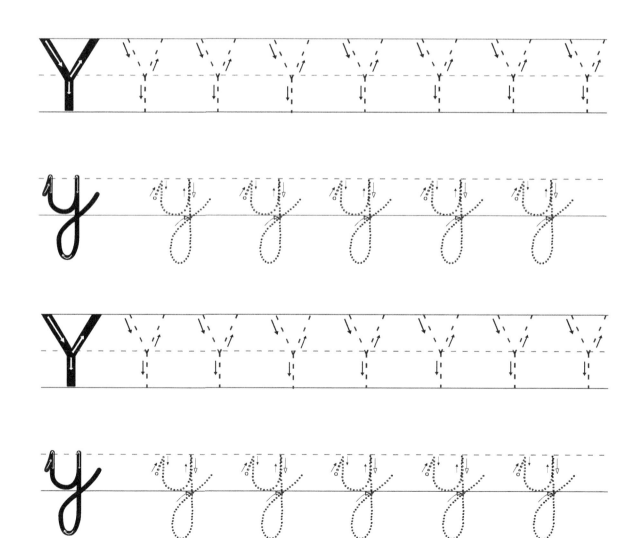

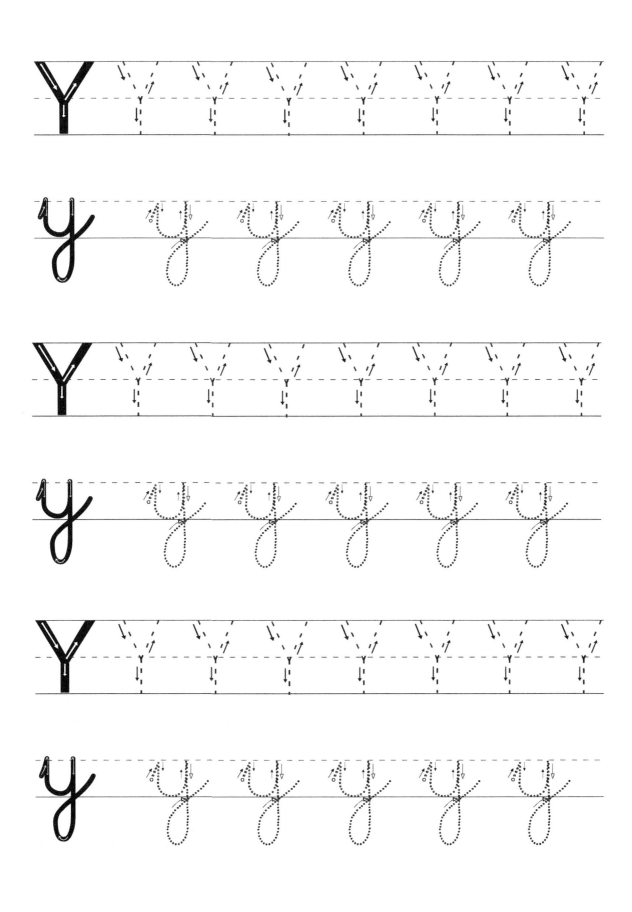

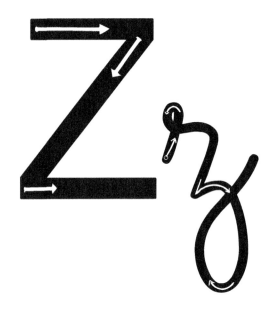

Zèbre

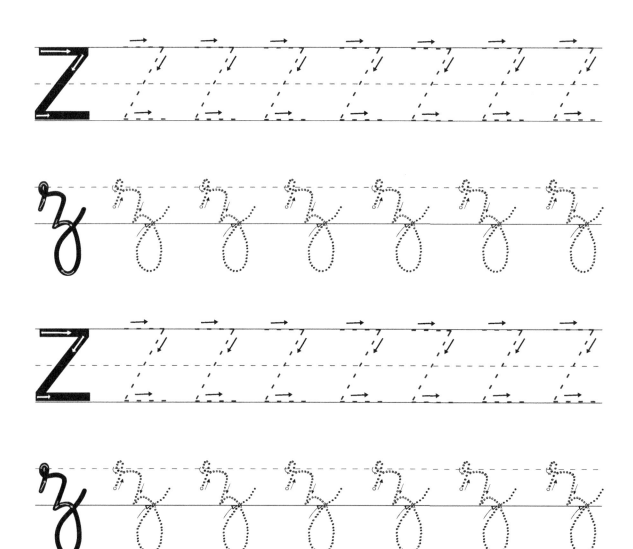

# Relie les lettres

A-Z

# Relie les lettres

I-R

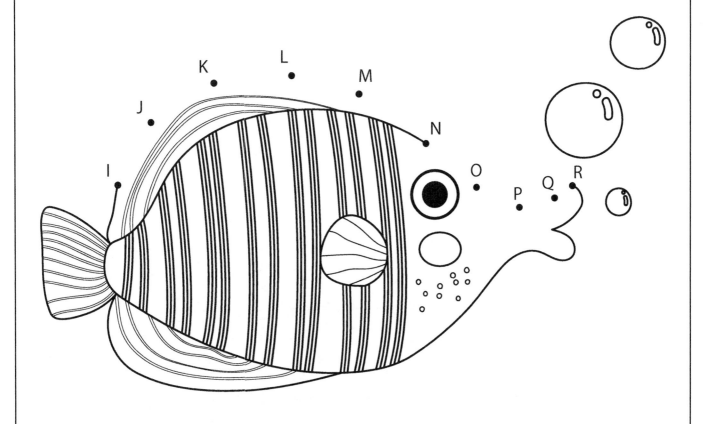

# Relie les lettres

E-U

# Relie les lettres

G-Y

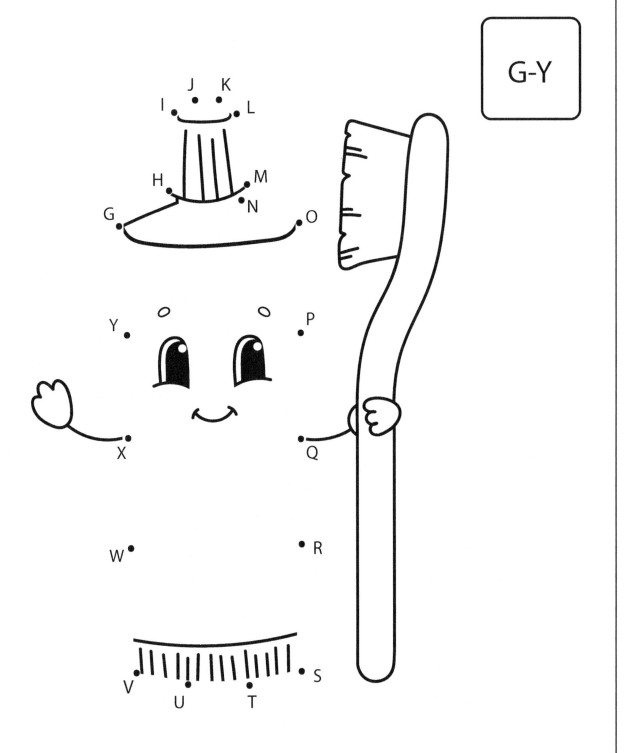

## Relie les lettres

B-T

# Relie les lettres

M-V

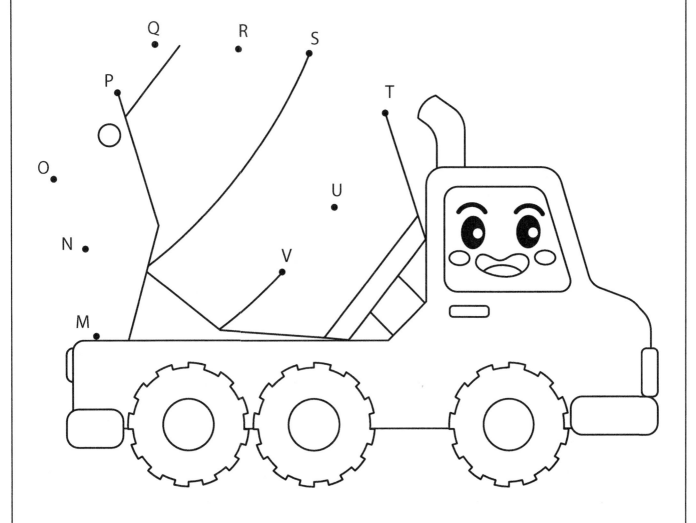

# Met les lettres dans le bon ordre

Capitales :

Cursives:

# Met les lettres dans le bon ordre

Capitales :

Cursives :

# Met les lettres dans le bon ordre

Capitales :

Cursives :

# Met les lettres dans le bon ordre

Capitales :

Cursives :

# Met les lettres dans le bon ordre

Capitales :

Cursives :

Met les lettres dans le bon ordre

Capitales :

Cursives :

# Met les lettres dans le bon ordre

Capitales :

Cursives :

# Met les lettres dans le bon ordre

Capitales :

Cursives :

# Mots croisés

Hibou

Singe

Crocodile

# Mots croisés

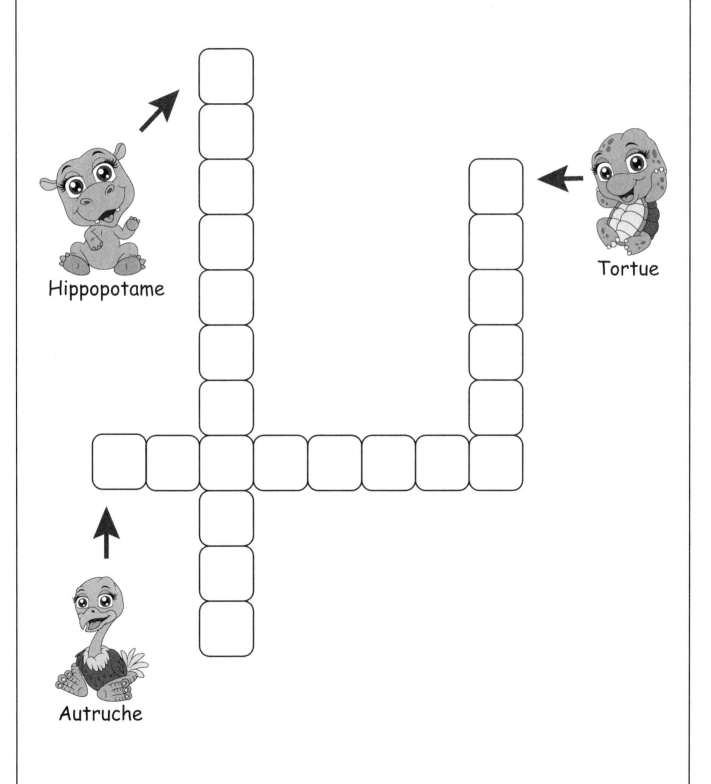

Hippopotame

Tortue

Autruche

# Mots croisés

# Mots croisés

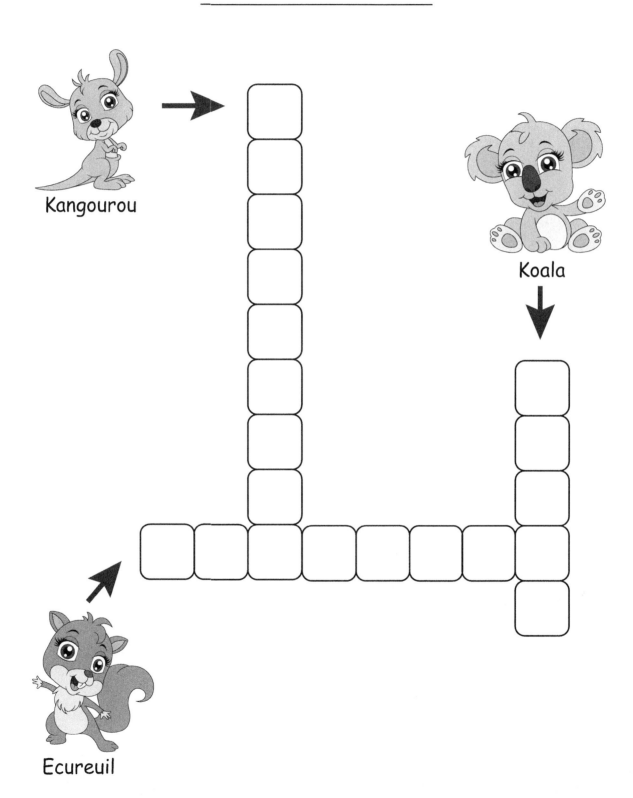

# Mots croisés

# Mots croisés

## Entoure les mots identiques

CARNAVAL     chacal

JOURNAL

carnaval

cardinal

CHEVAL

CARNAVAL

canard

carnaval

CARAMEL

# Entoure les mots identiques

VOYAGE       voiture

TOITURE

visite

ceinture

VOITURE

VOILES

voiture

voisin

VOITURE

## Entoure les mots identiques

CHENILLE

coquille

CHEMIN

chenille

cheval

VANILLE

CHENILLE

bille

chenille

CAMOMILLE

# Entoure les mots identiques

COUSSIN

bassin

POUSSIN

poussin

poulain

POULE

DESSIN

poisson

poussin

POUSSIN

# Entoure les mots identiques

BOUTON

bouchon

MANCHON

cochon

boucle

BOUCHON

BOUGIE

boulon

bouchon

BOUCHON

# Entoure les mots identiques

MAMAN

mouton

MALIN

maman

manège

MIGNON

MAMAN

matin

maman

MAISON

# Mots mêlés

```
Q F T P C V G E U I K
Y A V K D F G L O X T
M J Q P X N I R B B S
J X D X I F K T I I P
V X W S L H Z W H E X
C R O C O D I L E Y L
U K A U T R U C H E Q
```

AUTRUCHE         CROCODILE
SINGE            HIBOU

# Mots mêlés

```
U B T O R T U E I K B
G Z A N I U O G N I P
J Z H O N P R P X J M
M T E R U K V Y R T I
O Z W P N R A C V X W
E D Y V Q U S X J Z G
H I P P O P O T A M E
```

HIPPOPOTAME   OURS
PINGOUIN      TORTUE

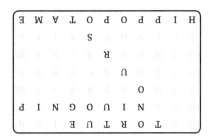

# Mots mêlés

| | | | | | | | | | | |
|---|---|---|---|---|---|---|---|---|---|---|
| A | L | G | N | Q | N | A | K | G | D | D |
| X | F | O | M | L | H | C | K | I | Y | C |
| K | I | F | R | K | Z | N | D | E | V | G |
| L | K | A | N | G | O | U | R | O | U | H |
| G | P | Y | D | P | K | A | E | R | V | H |
| C | J | Y | J | V | J | A | L | I | H | M |
| E | C | U | R | E | U | I | L | A | L | W |

KANGOUROU  KOALA
LION  ECUREUIL

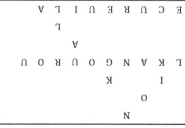

# Mots mêlés

```
L L J F G I O P D U C
V R E N A R D R M X S
N E A Z R U A M F X S
W V Q C J P D T E O H
G Q E L E P H A N T B
R D W U P S F S B E S
T N G E G I R A F E X
```

ELEPHANT          GIRAFE
RENARD            GUEPARD

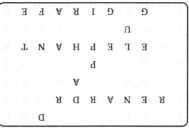

# Mots mêlés

| W | Z | Z | O | S | T | D | S | M | Y | Y |
|---|---|---|---|---|---|---|---|---|---|---|
| H | A | Z | E | L | E | O | L | R | F | K |
| X | J | U | A | B | Z | R | G | I | E | O |
| Z | S | P | J | K | R | F | G | N | V | N |
| R | I | R | J | T | L | E | E | I | R | B |
| N | J | R | G | T | N | Y | J | J | T | H |
| Y | O | I | Q | N | H | L | B | F | D | P |

HYENE      TIGRE
LAPIN      ZEBRE

  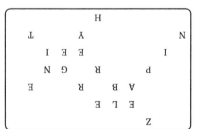  

# Mots mêlés

| | | | | | | | | | | | |
|---|---|---|---|---|---|---|---|---|---|---|---|
| J | K | H | R | G | A | Z | E | L | L | E |
| P | G | R | E | N | O | U | I | L | L | E |
| A | O | O | M | E | S | G | D | H | J | T |
| N | R | H | I | N | O | C | E | R | O | S |
| D | H | I | R | C | R | B | A | H | C | U |
| A | O | T | Z | E | Q | G | L | G | C | B |
| A | U | T | P | D | G | P | T | Y | P | M |

GAZELLE   PANDA
RHINOCEROS   GRENOUILLE

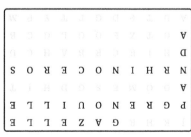

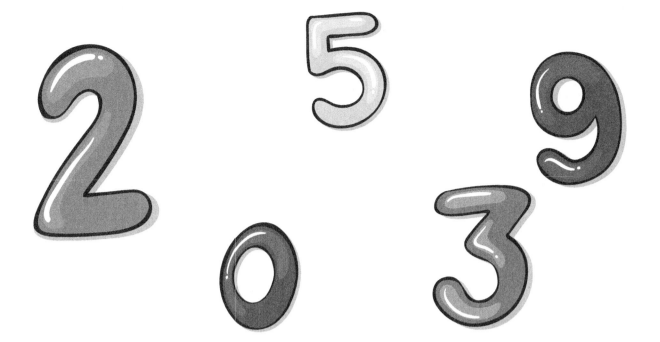

Bien joué ! tu es vraiment très doué(e) pour écrire les lettres de l'alphabet. Poursuivons dès maintenant avec les chiffres.

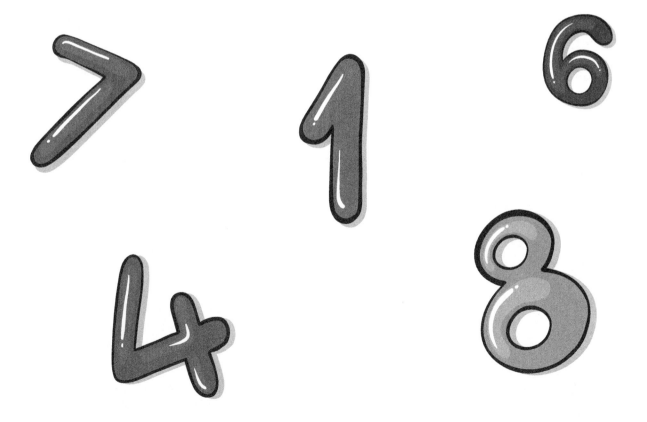

# Trace les chiffres

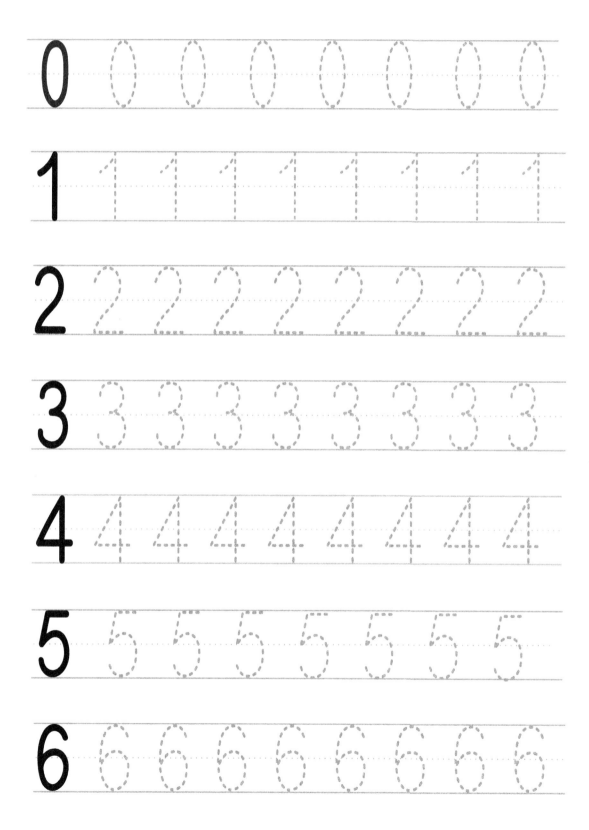

# Trace les chiffres

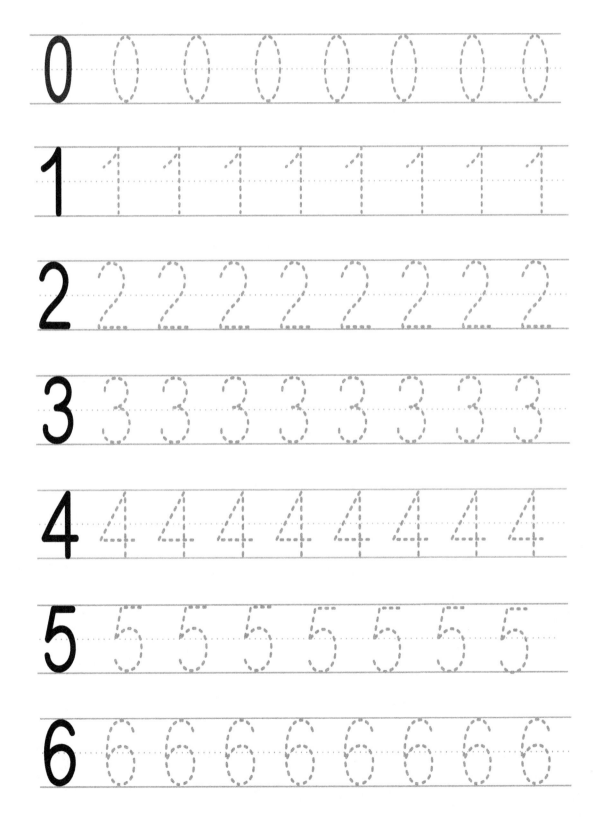

# Trace les chiffres

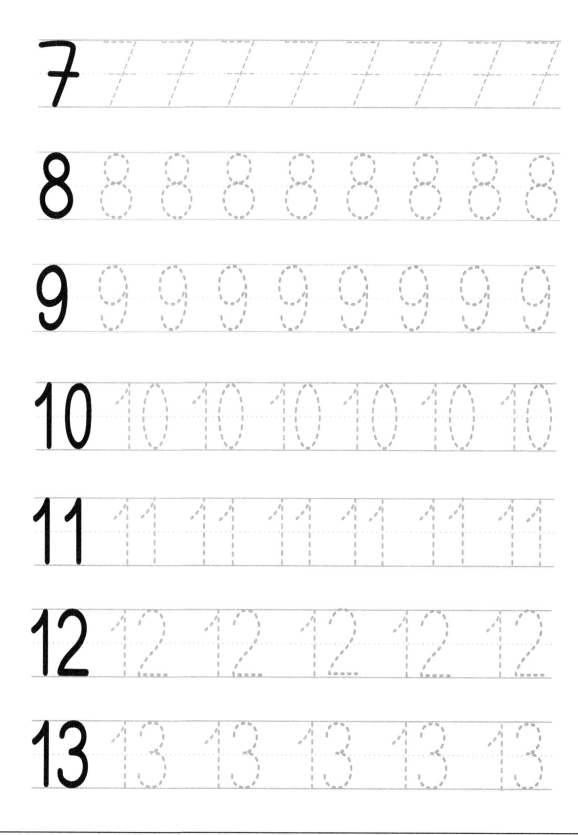

# Trace les chiffres

7

8

9

10

11

12

13

# Trace les chiffres

# Trace les chiffres

**14** 14 14 14 14 14

**15** 15 15 15 15 15

**16** 16 16 16 16 16

**17** 17 17 17 17 17

**18** 18 18 18 18 18

**19** 19 19 19 19 19

**20** 20 20 20 20

# Complète la suite

| 0 | | | 3 | | 5 |

| 13 | | | | 17 | |

| | | 6 | | 8 | |

| | 16 | | | | 20 |

# Complète la suite

| | 8 | | | | 12 |
|---|---|---|---|---|---|

| 11 | | | | 15 | |
|---|---|---|---|---|---|

| 6 | | | 9 | | |
|---|---|---|---|---|---|

| | | 14 | | | 17 |
|---|---|---|---|---|---|

# Complète la suite

| | 12 | | 14 | | |

| | | 7 | | | 10 |

| | 2 | | | 5 | |

| 9 | | | | 13 | |

# Complète la suite

| | 7 | | 9 | | |
|---|---|---|---|---|---|

| | 14 | | | | 18 |
|---|---|---|---|---|---|

| 1 | | | 4 | | |
|---|---|---|---|---|---|

| | | 12 | | | 15 |
|---|---|---|---|---|---|

# Additionne les chiffres

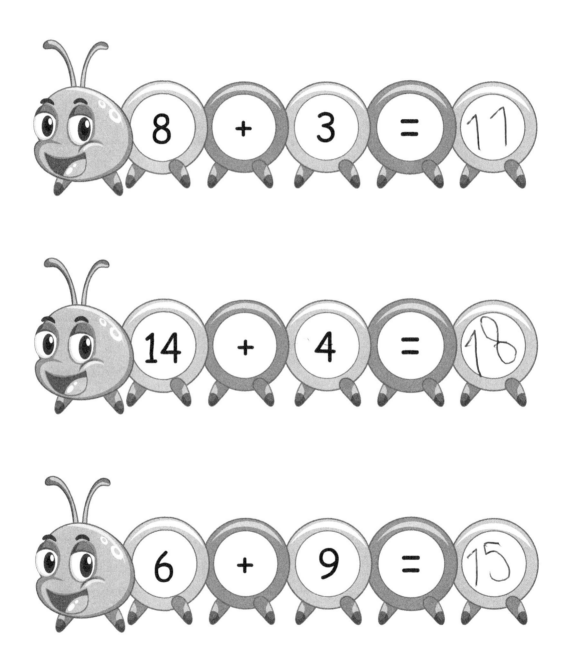

# Additionne les chiffres

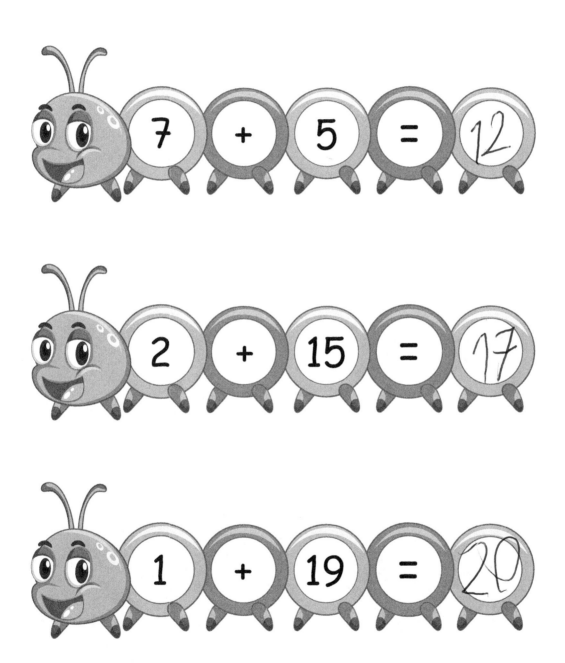

7 + 5 = 12

2 + 15 = 17

1 + 19 = 20

# Additionne les chiffres

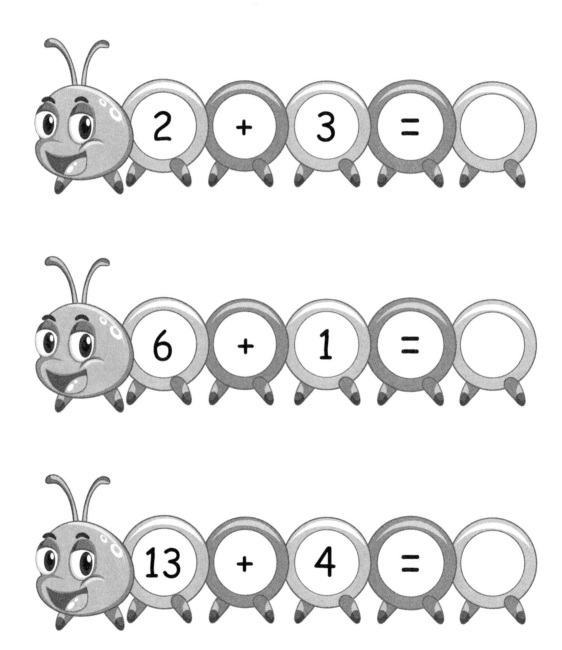

# Additionne les chiffres

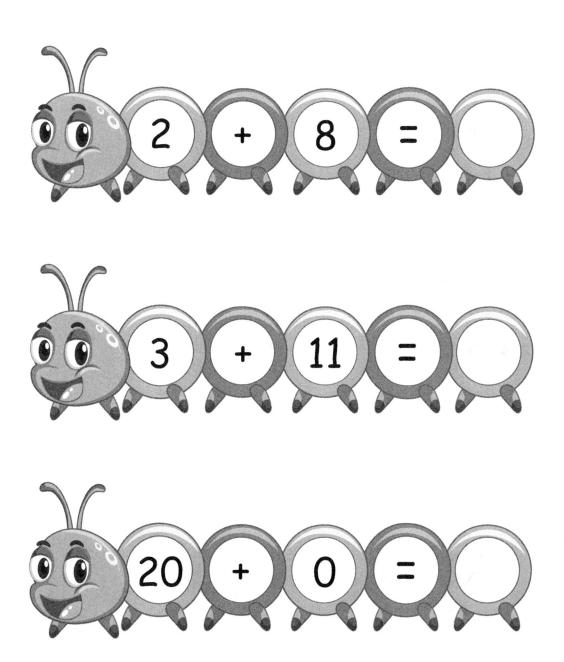

# Soustraie les chiffres

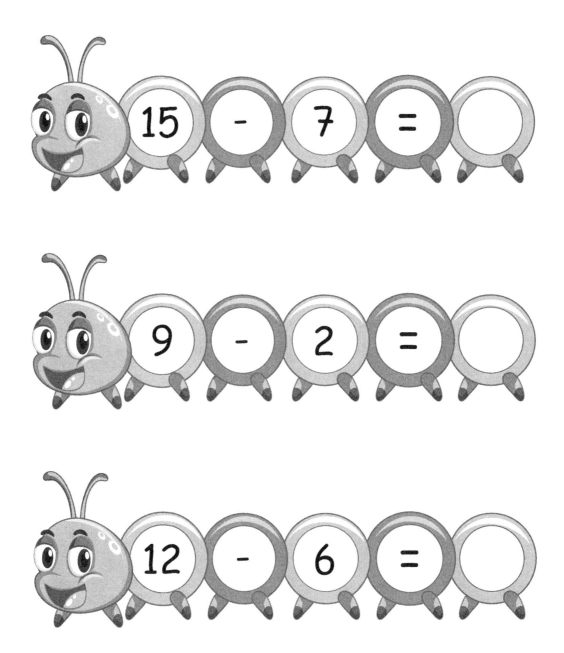

# Soustraie les chiffres

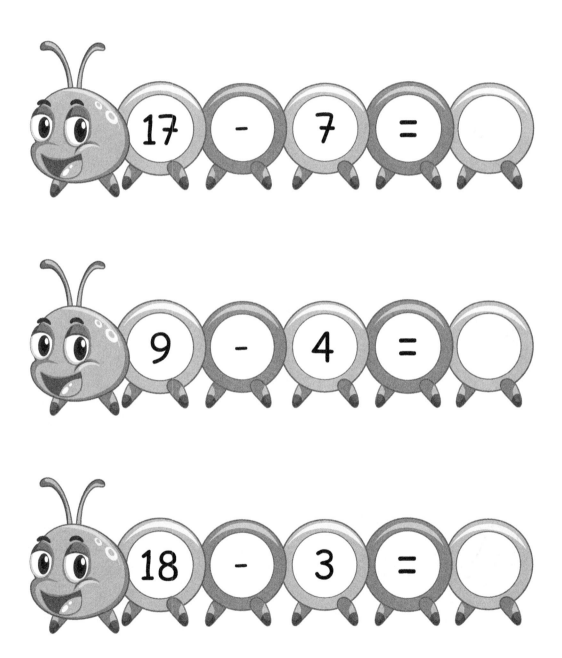

# Soustraie les chiffres

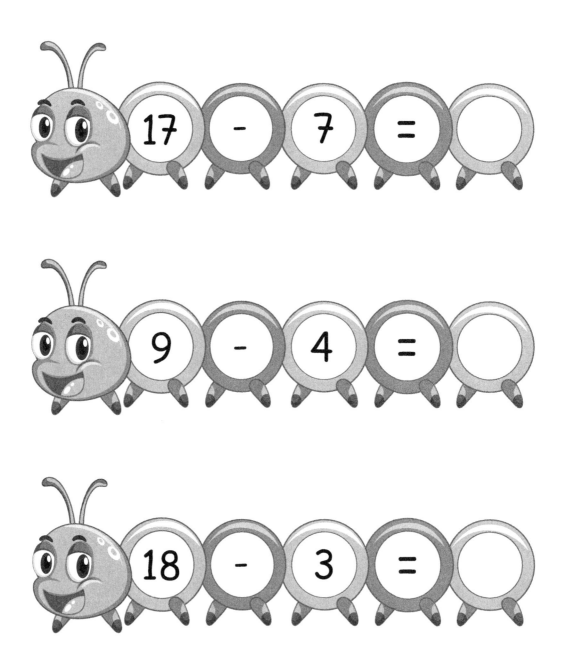

# Soustraie les chiffres

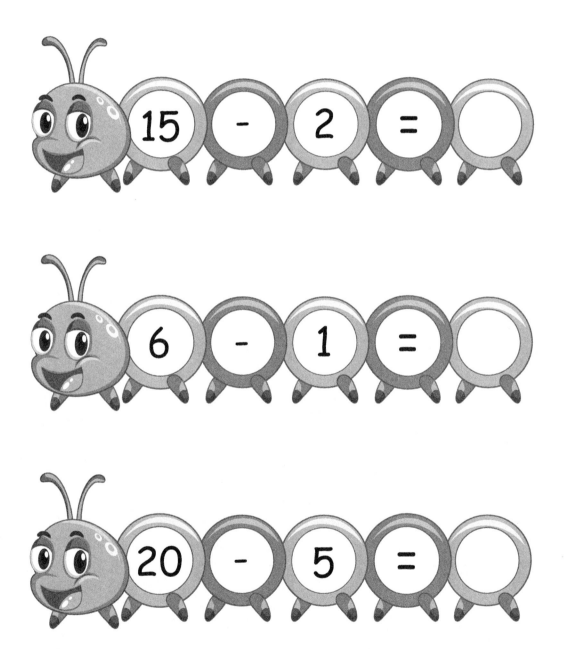

## Relie les points

1-10

# Relie les points

1-10

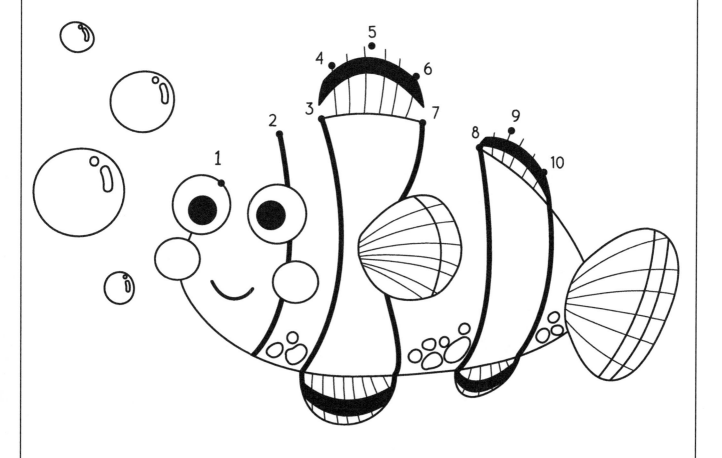

# Relie les points

1-10

# Relie les points

1-20

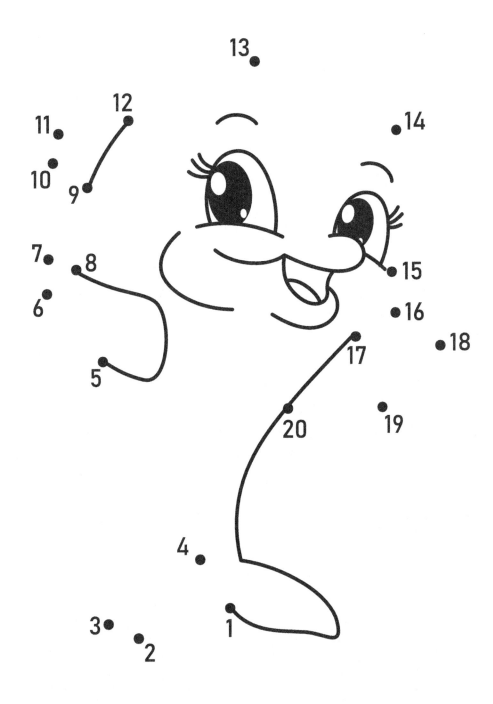

# Relie les points

1-20

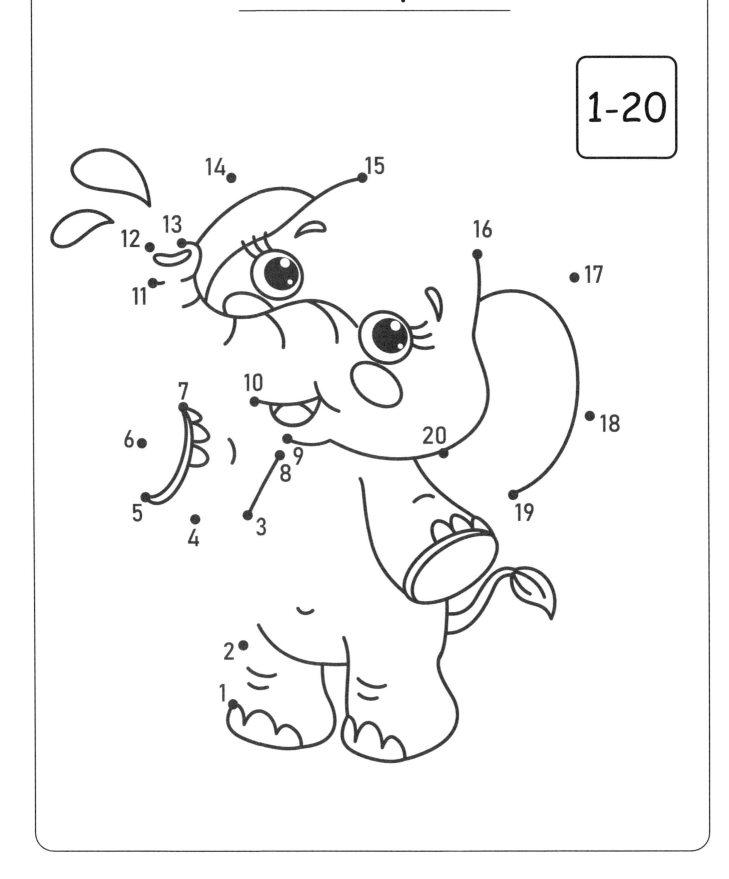

## Relie les points

1-20

# Sudoku

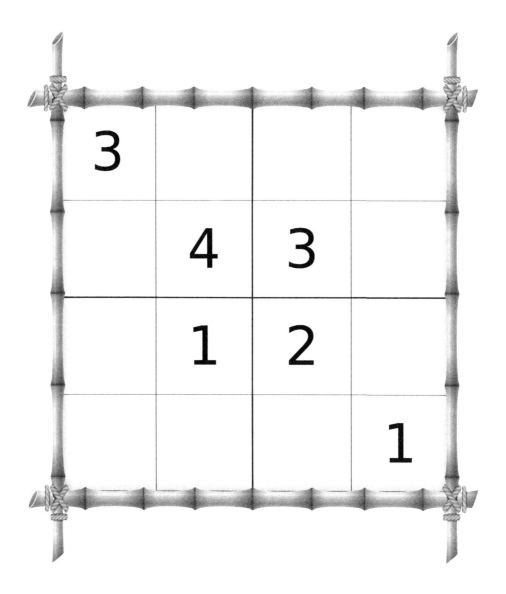

# Sudoku

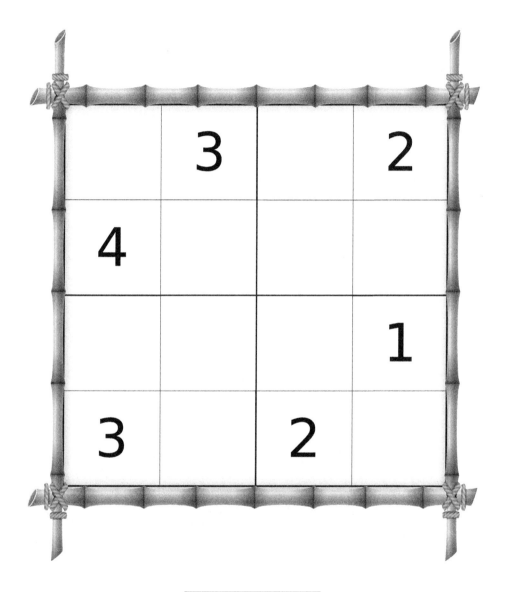

# Sudoku

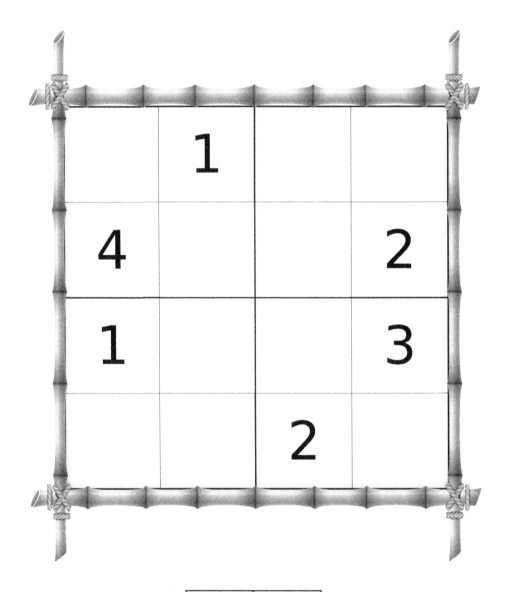

# Sudoku

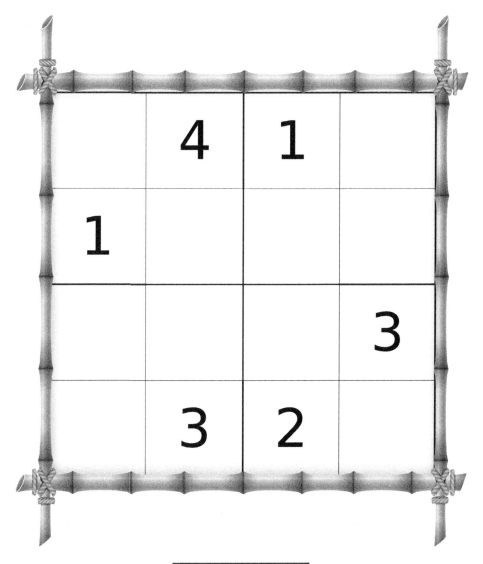

# Sudoku

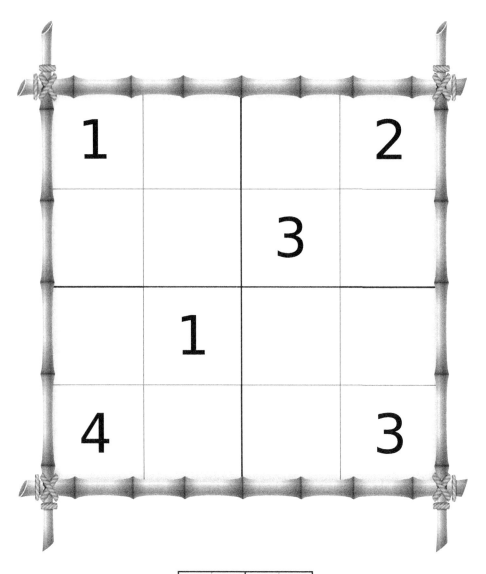

# Sudoku

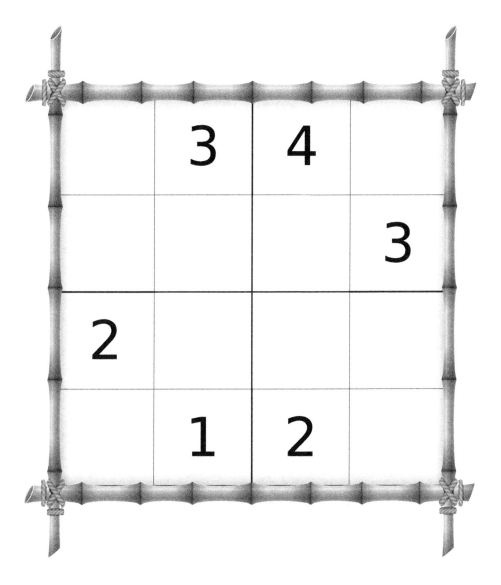

# Coloriage

# Coloriage

# Coloriage

# Coloriage

# Coloriage

# Coloriage

zéro

un

deux

trois

quatre

cinq

six

sept

huit

neuf

dix

onze

douze

treize

quatorze

quinze

seize

dix-sept

dix-huit

dix-neuf

vingt

maman

papa
,
j'aime

le chocolat

le soleil

la mer

l'école

un gâteau

au zoo

des animaux

la montagne

le printemps

l'été

l'automne

l'hiver

ma jolie maman

mon gentil papa

j'aime l'été

le sable à la mer

le lion au zoo

un beau cheval

mon anniversaire

je t'aime maman

je t'aime papa

Printed in Great Britain
by Amazon